BEI GRIN MACHT SICH IHR WISSEN BEZAHLT

- Wir veröffentlichen Ihre Hausarbeit, Bachelor- und Masterarbeit

- Ihr eigenes eBook und Buch - weltweit in allen wichtigen Shops

- Verdienen Sie an jedem Verkauf

Jetzt bei www.GRIN.com hochladen und kostenlos publizieren

Bibliografische Information der Deutschen Nationalbibliothek:

Die Deutsche Bibliothek verzeichnet diese Publikation in der Deutschen National-
bibliografie; detaillierte bibliografische Daten sind im Internet über http://dnb.d-
nb.de/ abrufbar.

Impressum:

Copyright © 2014 GRIN Verlag, Open Publishing GmbH
Druck und Bindung: Books on Demand GmbH, Norderstedt Germany
ISBN: 9783668263147

Dieses Buch bei GRIN:

http://www.grin.com/de/e-book/336224/fitnessoekonomie-verkaufsmanagement

Dennis Van Locke

Fitnessökonomie Verkaufsmanagement

GRIN Verlag

Inhaltsangabe

Aufgabe 1)

Name der Anlage und Standort:	Top Sports Fitness
	Klassifizierung / Einordnung
Anlagenstruktur:	Gemischtes Studio
Größe der Anlage:	1450m²
Preisstruktur der Anlage:	Bis 29,99€
Beschreibung der Kernleistung:	Verkauf von Mitgliedschaften

<u>a)</u>

Stufe 1: Die Vorbereitung

<u>Allgemein:</u>

Hier ist darauf zu achten das alle Unterlagen, Materialien und Beratungszimmer / Beratungsorte vorbereitet sind. Diese Stufe dient dem Verkäufer auch zur mentalen Vorbereitung auf das Verkaufsgespräch.

<u>Übertragung auf den Betrieb:</u>

Bei uns ist das Herrichten der Verkaufsunterlagen Teil des Studiorundgangs, welcher mindestens alle zwei Stunden anfällt. Somit wird dies schon im Voraus erledigt. Die mentale Vorbereitung ist bei uns, aufgrund der hohen Termindichte, leider etwas schwierig. Wenn ein Probetraining beendet wurde, wird es vom Trainer an den Verkäufer weitergegeben. Der Trainer und der Verkäufer hat dadurch nur kurz zeit sich über den Interessenten auszutauschen.

Stufe 2: Die Kontaktaufnahme

<u>Allgemein:</u>

Diese Stufe ist wohl schon mit entscheidend wie das restliche Verkaufsgespräch weitergeht. Der erste Eindruck zählt. Die Begrüßung sollte offen, freundlich und willkommen sein. Immer Blickkontakt mit dem Interessenten halten. Außerdem ist auch eine saubere und klar erkennbare Arbeitskleidung wichtig.

Walk In's werden bei uns erst einmal durch das Eingangstor in das Studio hereingelassen. In dieser Zeit läuft der Verkäufer / Trainer um die Theke herum und nimmt den Interessenten vor der Theke in Empfang. Er stellt sich mit vollem Namen und Stelle im Betrieb vor. Man fragt den Kunden ob er schon einmal in einem Studio trainiert hat und was ihm wichtig ist (Cardio, Kurse, Krafttraining usw.). Anschließend wird dem Kunden das Studio gezeigt. Falls dem Kunden zum Beispiel speziell der Cardio oder der Kraftbereich wichtig ist, wird dieser Bereich dem Kunden gesondert gezeigt um den Kunden schon in dieser Phase für unser Studio zu begeistern und zu gewinnen.

Stufe 3: Der Aufbau einer persönlichen Beziehung

Allgemein:

In dieser Stufe versucht der Verkäufer eine persönliche Beziehung mit dem Interessenten aufzubauen. Der Verkäufer bereitet den Interessenten mit gezielten Fragen auf die Bedarfsanalyse vor, in dem er schon jetzt versucht herauszufinden wie er z. B. zum Thema Sport steht.

Übertragung auf den Betrieb:

Bei uns ist diese Stufe schon in die vorherige Stufe mit einbezogen. Wir versuchen während der Führung schon eine persönliche Beziehung mit dem Interessenten aufzubauen und ihn auf die Bedarfsanalyse vorzubereiten.

Stufe 4: Die Bedarfsanalyse

Allgemein:

Dies ist die wichtigste Stufe im Verkauf. Hier wird versucht die Beweggründe des Interessenten herauszuarbeiten, seien sie dem Interessenten schon bekannt oder müssen sie erst geweckt werden. Das Ziel des Verkäufers sollte es sein den „ Red oder Hot Button" (Herman – Ruess, 2006, S. 27, die unter dem hot button die Werte des Kunden zusammenfast) zu finden. Der hot button beschreibt den Grund, der für den Interessenten so stark ist, die Mitgliedschaft sofort zu unterschreiben ohne noch einmal zu zögern. Dies kann auch über die SPIN – Methode (ebda., S. 450) erfolgen.

- ➤ S = Situation
- ➤ P = Problem
- ➤ I = Implikation
- ➤ N = Nützlichkeit

Situationsfragen:

- So viele Informationen über den Interessenten bekommen wie möglich

Problemfragen:

- Schwierigkeiten, Probleme und Quellen der Unzufriedenheit erkennen

Implikationsfragen:

- Nutzen – Kostenfaktor klar machen.
- Was bringt dem Interessenten das Training?
- Was gewinnt er dadurch?

Nützlichkeitsfragen:

- Ausblendung der Probleme
- → Einblendung und Hervorhebung der Lösung

Außerdem kann in dieser Stufe eine Einwandsvorbehandlung durchgeführt werden. Hier wird versucht alle Ein- und Vorwände des Interessenten schon im Vorfeld zu behandeln und abzuleiten.

Bei Vorwänden versucht der Kunde sich mit einer errichteten Wand, vor verschiedenen Gründen wie Vertrauensmangel, Angst oder Unsicherheit (Hofbauer & Hellwig, 2009, S. 470) zu schützen.

Ein Einwand drückt nichts Negatives aus. Einwände kommen nur aufgrund von nicht passenden Argumenten oder Lösungsansätzen auf. (Von Eckert, 2005, S. 178)

Wurde die Bedarfsanalyse und die Einwandsvorbehandlung richtig behandelt kommen auch keine Vorwände und Einwände des Kunden auf.

<u>Übertragung auf den Betrieb:</u>

Unsere Bedarfsanalyse findet schon während der Führung statt, allerdings gibt es von Seiten des Betriebs keine genaue Richtlinie wie diese auszusehen hat. Auch eine gezielte Einwandsvorbehandlung findet nicht statt, außer der Verkäufer merkt schon im Voraus das dies später beim Abschluss von Vorteil für ihn sein könnte.

Stufe 5: Die Angebotspräsentation

<u>Allgemein:</u>

Nach Abschluss der Bedarfsanalyse folgt die Angebotspräsentation. Es sollten die Merkmale beschrieben, die Vorteile aufgezeigt und der Nutzen der Dienstleistung geliefert werden. Es sollte Bezug auf den zuvor geweckten Bedarf genommen werden. Wie kann der Kunde durch unser Angebot seinen Bedarf wecken? Wir können in dieser Phase verschiede vorgehen (Hofbauer & Hellwig, 2009, S. 464 ff.):

1. Einsatz von rhetorischen Mitteln
2. Fragearten und Wirkungen
3. Kunden mit einbeziehen

Es sollten immer positive Formulierungen gewählt werden, da sich dies stark auf den Gesamteinwände auswirken kann. (Formulierungen siehe EA 1 b)

<u>Übertragung auf den Betrieb:</u>

Auch die Angebotspräsentation findet bei uns noch während der Führung statt. Wir lassen en Kunden selbst mal in ein Gerät sitzen und mal testen, damit er an sich selbst spürt was da eigentlich mit seinem Körper passiert und wie gut es ihm eigentlich tut.

Stufe 6: Die Angebots- und Bestätigungsphase

<u>Allgemein:</u>

In dieser Phase wird der Kunde mit gezielten Fragen automatisch schon zu einem „Ja" geleitet. Es wird das positive Gesprächsklima noch weiter verstärkt. Die Fragen sollten auf die vorher genannten Wünsche und Bedürfnisse ausgelegt werden. Je öfter hier ein „Ja" des Kunden zu hören ist, desto wahrscheinlicher der spätere Abschluss.

Übertragung auf den Betrieb:

Diese Phase wird bei uns noch direkt nach dem Testen der Geräte angewandt. Wir fragen den Kunden zum Beispiel, bei dem Wunsch / Bedürfnis für sich etwas Gutes zu tun oder seinen Verspannungen den Kampf anzusagen:

- „Wie fühlt sich dieses Gerät an?"
- „Tut es Ihren Verspannungen gut?"

Stufe 7: Die Grundsatzentscheidung

Allgemein:

Hier möchten wir die Zustimmung des Kunden zur Dienstleistung bekommen, in dem man zum Beispiel nachfragt ob er nun bereit ist für seine Gesundheit etwas zu tun.

Übertragung auf den Betrieb:

Diese Phase wird auf dem Weg von den Geräten in die Lounge durchgeführt um noch einmal das gute Gefühl nach dem Gerät aufkommen zu lassen.

Stufe 8: Preispräsentation für die Mitgliedschaft

Allgemein:

Nun ist es soweit die Möglichkeiten und die Preisgestaltung dem Kunden aufzuzeigen. Der Preis ist als klein und der Nutzen als groß zu präsentieren. Preis und Nutzen immer in Relation setzen.

Übertragung auf den Betrieb:

In unserem Betrieb zeigen wir dem Kunden die Möglichkeiten anhand einer Preisliste.

Die Möglichkeiten in unserem Betrieb:

- Basic Tarif (Training, Duschen)
    - → Erweiterbar mit Kursen, Getränke, Solarium, Vibrationstraining und Tomahawk MyRide
- All – Inklusiv (Training, Duschen, Getränke, Solarium, Vibrationstraining und Tomahawk MyRide)

Stufe 9: Das „ Ja" zur Mitgliedschaft

Allgemein:

Durch Einsatz von Alternativfragen und ausgesprochenen Empfehlungen sollte dem Kunden die Wahlfreiheit ob Kauf oder Nichtkauf genommen werden.

Übertragung auf den Betrieb:

Wir versuchen dem Kunden durch Empfehlungen wie „Die meisten unserer Mitglieder entschieden sich für ... „

Stufe 10: Preispräsentation Startpaket

Allgemein:

Nach positivem Entscheid für die Mietgliedschaft muss noch das Startpaket, falls vorhanden, präsentiert werden. Dies gelingt am besten wenn man den Nutzen des Startpakets für den Kunden erklärt.

→ Einstieg um seine Ziele zu erreichen

Übertragung auf den Betrieb:

In unserem Haus gibt es in diesem Sinne kein Startpaket, sondern nur eine Aufnahmegebühr, welche je nach Aktion vom Preis variiert. Inhalte wie Tests, Einweisung durch einen Trainer und Trainingsbetreuung ist bei uns im monatlichen Beitrag mit inbegriffen.

Stufe 11: Vorabschluss

<u>Allgemein:</u>

Ziel ist es ein Nein des Kunden zu verhindern. Dies erreicht man in dem man die Abschlusssignale beobachtet und die Die – Schritte – Theorie (Katzengruber, 2007, S. 194)

1. Übereinstimmungen aufzählen
2. Klären, welche Fragen noch offen sind
3. Fortschrittorientierte Vereinbarung treffen

<u>Übertragung auf den Betrieb:</u>

Wir behandeln den Vorabschluss immer so, dass wir den Kunden fragen ob er lieber die 12 oder die 24 Monats Mitgliedschaft haben möchte, All – Inklusiv oder Basic? Somit Rutschen wir automatisch in die nächste Stufe „Abschluss"

Stufe 12: Abschluss

<u>Allgemein:</u>

Beim Vertragsabschluss sollte die Mitgliedschaft immer vom Verkäufer ausge-füllt und immer erklärt werden was man gerade ausfüllt.

<u>Übertragung auf den Betrieb:</u>

Nach dem unser Verkäufer alle Daten des Kunden eingetragen hat, geben wir dem Kunden Zeit die AGB's und die Daten noch einmal in Ruhe durchzulesen. Währenddessen holt der Verkäufer das Terminbuch, den Trainingskey ein Ter-minkärtchen und 2 VIP –Karten.

Stufe 13: After Sales

<u>Allgemein:</u>

Nach dem der Kunde nun Mitglied ist, sollte man das Vertrauen noch einmal rechtfertigen. Dies kann unter Anderem durch positiver Entscheidungsbestäti-gung oder Hinweis auf Supplementverkauf erreicht werden.

<u>Übertragung auf den Betrieb:</u>

Wir begrüßen nach Abschluss der Mitgliedschaft unser neues Mitglied in unserem Haus, terminieren die Einweisung, weisen auf anstehende Veranstaltungen hin, überreichen den Zugangs- und Trainingskey und schenken dem Mitglied zwei VIP – Karten. Mit diesen VIP –Karten kann das Mitglied zwei weitere Bekannte / Freunde mitbringen, welche dann ein gratis All – Inklusiv Tag bei uns verbringen können.

b)

Negative Formulierungen	Positive Formulierung
- billig	+ preiswert
- erst	+ schon
- gleich	+ sofort
- ja, aber trotzdem	+ gerade deshalb
- Kritik	+ Hilfestellung
- würde, könnte	+ wird, kann
- Preis	+ Kosten
- Konkurrent	+ Mitbewerber
- Sie haben mich falsch verstanden	+ Ich habe mich unklar ausgedrückt
- verstehen Sie mich nicht falsch	+ bitte verstehen Sie mich richtig

Es ist sehr wichtig bei einem Verkaufsgespräch positiv formulierte Worte zu verwenden, denn die Wortwahl stimmt den Interessenten eher positiv oder negativ auf den Verkäufer und vor allem auf das Produkt ein.

Aufgabe 2)

a) Das Konzept der Selbstkonkordanz

Unter dem Konzept der Selbstkonkordanz versteht man was die Beweggründe bzw. die Hintergründe einer Person sind, sich für eine gewisse Aktivität zu motivieren. Hier unterscheidet man in vier verschiedenen Modi:

1. Externaler Modus
   Bsp.: Weil andere sagen ich solle Sport machen

2. Introjizierter Modus
   Bsp.: Weil ich mir sonst Vorwürfe machen müsste

3. Identifizierter Modus
   Bsp.: Weil es mir gut tut

4. Intrinsischer Modus
   Bsp.: Weil mir Sport einfach Spaß macht

b)

weiblich

1	Weil ich sportbegeistert bin	Intrinsisch
2	Ich wurde von Freunden gezwungen	External
3	Schlechtes Gewissen	Introjiziert
4	Gesundheit → Fettleibigkeit	Introjiziert
5	weil ich mich über den Sport identifizier	Intrinsisch
6	Ausgleich zum Beruf	Identifiziert
7	Unfall → Arzt hat gesagt ich soll was tun	Introjiziert
8	Problemzonen bekämpfen	Identifiziert
9	Weils mir Spaß macht	Intrinsisch

10	Um neue Leute kennen zu lernen	Introjiziert

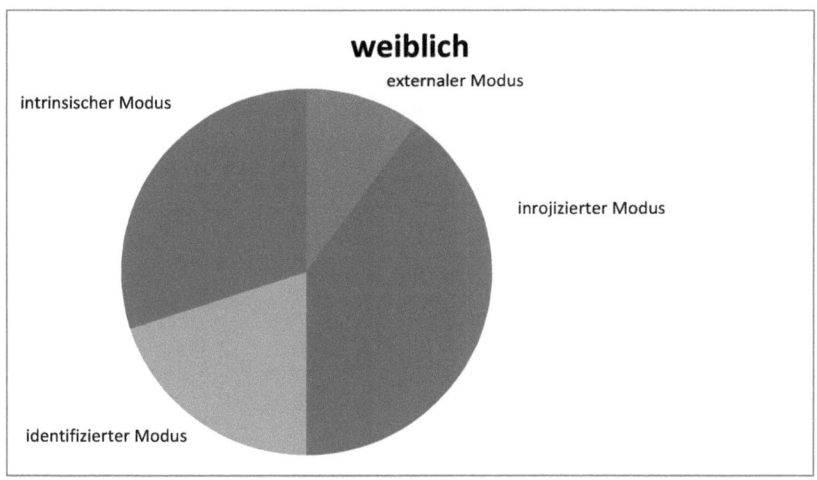

männlich

1	Es gehört für mich dazu Sport zu machen	Intrinsisch
2	Strandbody	Identifiziert
3	Alle meine Kumpels sind auch angemeldet	External
4	Da es uns unser Chef angeboten hat	External
5	Spaß am Trainieren	Intrinsisch
6	Ausgleich zur Arbeit	Identifiziert
7	Muskelaufbau	Identifiziert
8	Spaß	Intrinsisch
9	Ablenkung zum Alltag	Identifiziert
10	Arzt → Stärkung des Herz – Kreislauf – Systems	Introjiziert

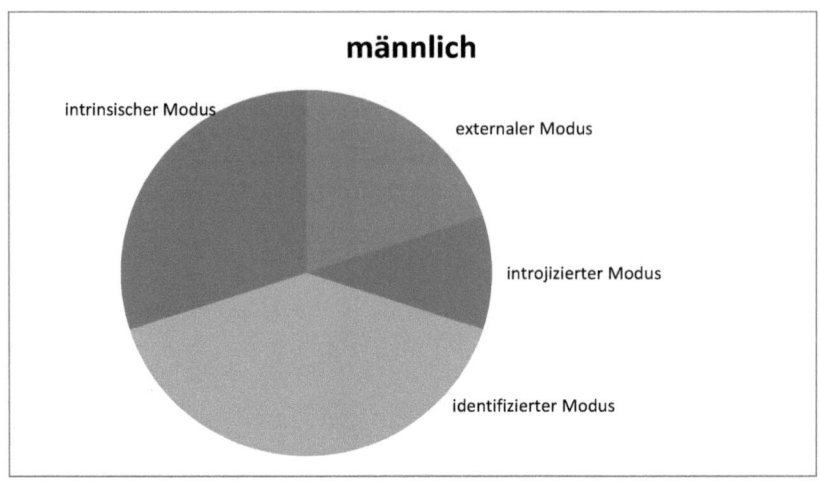

männlich

intrinsischer Modus

externaler Modus

introjizierter Modus

identifizierter Modus

c) Strategien

- Um vom **externalen Modus** in den **introjizierten Modus** zu welchseln würde ich versuchen dem Kunden die Wichtigkeit der Bewegung für ihn zu verdeutlichen und somit eine Antriebsänderung in ihm zu erzielen.

- Um vom **introjizierten Modus** in den **Identifizierten Modus** zu wechseln würde ich durch Lob und Anerkennung den Spaß an der „Arbeit" wecken und ihm dadurch aufzeigen dass der Aufwand nicht umsonst ist.

- Um vom **identifizierten Modus** in den **intrinsischen Modus** zu wechseln würde ich versuchen durch einen gezielten Rückblick auf die erbrachte Leistung und die dadurch resultierenden Ergebnisse den Heißhunger auf noch bessere Erfolge zu wecken.

Aufgabe 3)

a)

1. Telefonquote

$$\frac{\text{Anzahl der vereinbarten Beratungstermine}}{\text{Anzahl der Interessentenanrufe}} \times 100$$

2. Termineinhaltungsquote

$$\frac{\text{Anzahl der erschienenen Beratungstermine}}{\text{Anzahl der vereinbarten Beratungstermine}} \times 100$$

3. Abschlussquote

$$\frac{\text{Anzahl der abgeschlossenen Mitgliedschaften}}{\text{Anzahl der durchgeführten Beratungen}} \times 100$$

4. Fluktuationsquote

$$\frac{\text{Anzahl der Abgänge}}{\text{Durchschnittlichen Mitgliederbestand}} \times 100$$

b) (folgende Zahlen sind rein fiktiv)

1. Telefonquote

$$\text{November: } \frac{275}{444} \times 100 = 61,93\%$$

$$\text{Dezember: } \frac{375}{576} \times 100 = 65,10\%$$

$$\text{Januar: } \frac{475}{659} \times 100 = 72,07\%$$

2. Termineinhaltungsquote

$$\text{November: } \frac{180}{275} \times 100 = 65,45\%$$

$$\text{Dezember: } \frac{265}{375} \times 100 = 70,66\%$$

$$\text{Januar: } \frac{355}{475} \times 100 = 74,73\%$$

3. Abschlussquote

$$\text{November: } \frac{100}{180} \times 100 = 55,55\%$$

$$\text{Dezember: } \frac{160}{265} \times 100 = 60,37\%$$

$$\text{Januar: } \frac{230}{355} \times 100 = 64,78\%$$

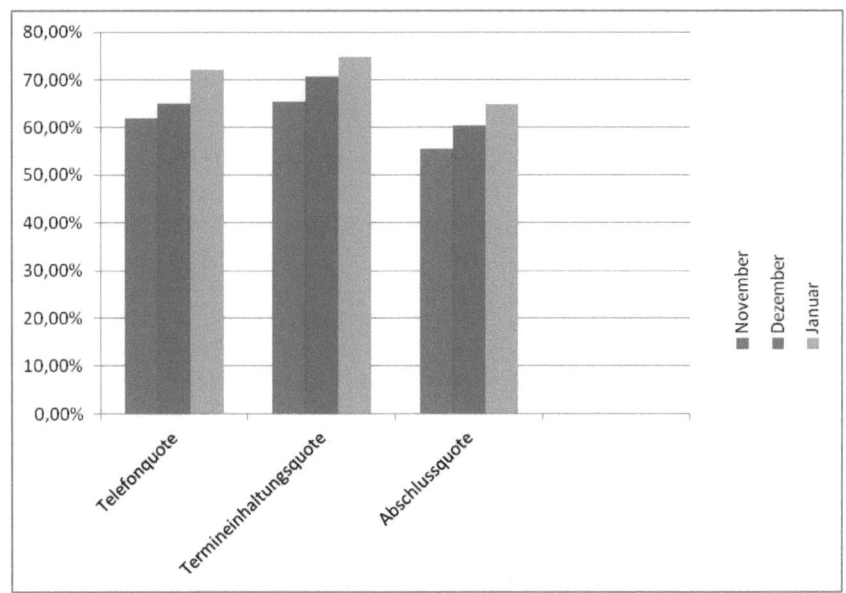

Begründung:

Die stetig steigenden Quoten, in allen drei Bereichen, ist auf unsere Weihnachtsaktion, welche am 24.12. endete und unsere Neujahrsaktion ab dem 01.01. zurückzuführen. Außerdem auf die Verstärkung und Ausbau unseres Vertriebssystems.

c) Fluktuationsquote

Anfangsbestand MG + Endbestände MG
\- = durchschn. Mitgliederbestand
                          13

600 + 21430
\-\-\-\-\-\-\-\-\-\-\-\-\-\-\- = 1694,61 → 1695
    13

Anzahl der Abgänge
\- x 100 = Fluktuationsquote
Durchschn. Mitgliederbestand

$$\frac{118}{1695} \times 100 = 6,95\%$$

Umsatz bei Fluktuationsquote von 6,96% (118 Mitglieder)

- Durchschn. Beitrag 29,70€ bei 1577 Mitgliedern (1695 − 118 = 1577)
  → Umsatz: 46.836,90€

Umsatz bei Fluktuationsquote von 1,96% (33 Mitglieder)

- Durchschn. Beitrag 29,70€ bei 1662 Mitgliedern (1695 − 33 = 1662)
  → Umsatz: 49.361,40€

Erläuterung:

Die geringe Fluktuationsquote von 6,96% ist darauf zurück zu führen, dass das Studio erst am 02.02.2013 Eröffnung hatte und die kürzeste Mitgliedschaft 12 Monate beträgt. Mitgliederabgänge sind daher nur aufgrund von außerordentlicher Kündigungen zustande gekommen.

Bei einer Senkung der Fluktuationsquote um 5% von 6,96% auf 1,96% hätte eine monatliche Umsatzsteigerung von 2524,50€ zur Folge. Dies würde jährlich 30.294€ ausmachen.

Folge:

Durch eine Senkung der Fluktuationsquote steigt im selben Verhältnis der Umsatz. Dadurch haben wir monatlich / jährlich mehr liquide Mittel die wir zum Beispiel wiederum in den Vertrieb Rückinvestieren können und somit unseren Betrieb auf vertrieblicher Ebene noch besser aufzustellen und somit die Fluktuationsquote dauerhaft gering zu halten. Je liquider ein Unternehmen ist desto besser kann es auf unerwartete Situationen reagieren und diese abfangen ohne größere spätere Folgen.

Literaturverzeichnis

Prof. Dr. phil Winfried Schlaffke und Prof. Dr. rer. Pol. Axel Plünnecke (Studienbrief „Verkaufsmanagement", August 2012)